Bildermaus

Henriette Wich

Geschichten von der Baustelle

Illustriert von Michael Böhm

Loewe

Inhalt

SOS auf der Baustelle

Luca darf heute mit Mama zur

großen . Mama ist 

und baut dort mehrere . Sie

zeichnet auf , wie die 

später aussehen sollen. Luca

rennt blitzschnell zum  und

möchte schon einsteigen.

Mama sagt: „Zieh bitte deinen 

an. Es ist kalt auf der ."

Luca mag den  nicht. Er kratzt

und leuchtet viel zu grell, wie

ein .

Leider fährt Mama erst mit

dem  los, als Luca endlich

den blöden  anhat. Die 

ist riesig! Luca bekommt einen

gelben . Der schützt ihn, falls

irgendwo ein  herunterfällt.

Luca sieht sich auf der  um.

Ein  hebt gerade die 

für ein  aus. Der  steht

schon bereit. Vor einem 

redet Mama mit einem .

Luca ruft aufgeregt: „Da drüben wird ein  gebaut! Darf ich hin?“ Mama nickt. „Komm aber gleich zurück zum , ja?“ – „Klar“, sagt Luca und flitzt schnell zum nächsten .

Ein  bringt lange 
für das . Ein  nimmt sie
entgegen. Da rumpelt ein 
an Luca vorbei. Er transportiert
eine weiße 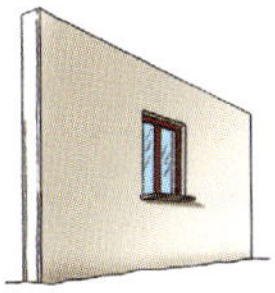 mit einem .

Neugierig läuft Luca dem 

hinterher. Der fährt kreuz und quer

über die . Dann hält er vor

einem , das fast fertig ist.

Nur eine 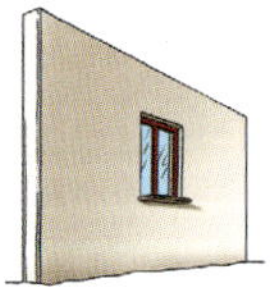 fehlt noch.

Eine nette  sagt zu Luca:

„Hallo, ich bin Rieke. Na, wie gefällt dir das ?“ – „Das ist der !“, ruft Luca begeistert und schaut sich alles ganz genau an.

Oje! Die  steht schon tief

und  ziehen auf. Luca muss

zurück zum ! Aber wo ist

der ? „Mama?“, fragt Luca

erschrocken und sein  klopft

ganz schnell. Rieke tröstet Luca.

„Wir gehen zusammen über

die  und suchen deine Mama."

Aber die  ist so riesig! Jetzt

fallen auch noch  vom .

Luca schlingt seinen  fester

um den .

Plötzlich ruft Rieke: „Ich weiß

was!“, und flüstert Luca etwas

ins 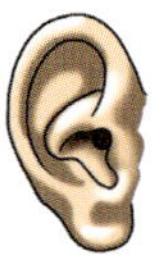. Schnell laufen sie zum

nächsten . Rieke funkt

Juri, den , an.

Juri lässt das  herunter. Luca hängt seinen  an den . Kurz darauf flattert der  am  hin und her. Auf einmal brummt etwas wie ein .

Mama rattert mit einem 

auf Luca zu. Luca rennt Mama

entgegen und strahlt von einem 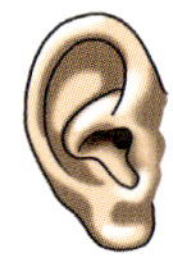

zum anderen.

Endlich ein Spielplatz!

Lilli, Tom und Jonas wohnen in einem . Sie treffen sich oft unten auf der  und spielen zusammen. Die  ist leider nicht besonders groß. Doch heute erzählt Lilli: „Hinter dem  wird ein  gebaut!“

Lilli, Tom und Jonas laufen schnell um die 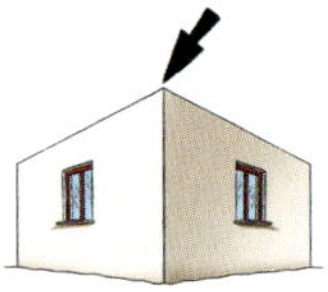. Jonas ruft: „Hier ist ja der  los!“ Ein  bringt gerade eine  und eine .

Jetzt kommt auch noch ein ,

der viele kleine  ablädt. Tom

fragt: „Dürfen wir die  auf

dem  verteilen?“ Die 

freuen sich. Lilli, Tom und Jonas

bekommen  und legen los.

Die drei sind jetzt ganz oft auf

der . Sie sehen zu, wie

die  und die  aufgebaut

werden. Sie helfen dabei, viele

runde  in die  zu schlagen.

Daraus wird später ein . Dann bringt ein  lange bunte  für ein . „Das  wird ja riesig!“, staunt Lilli. Tom murmelt: „Krass!“ Ihm rutscht jetzt schon das  in die .

Jonas grinst. „Also, ich klettere

wie ein ." – „Das ist ja toll!",

sagen Lilli und Tom und

bewundern Jonas. Dreimal geht

die  auf und unter.

So lange brauchen die ,

um das  aufzubauen.

Aber es fehlen zwei 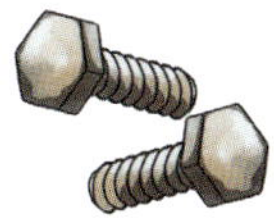! Alle

suchen die  und jeden 

rundherum ab.

Tom findet die 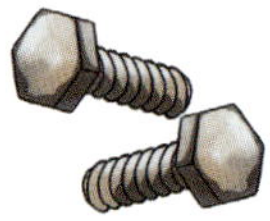 unter

einem . An einem  hängt

ein grün gestreifter . Lilli reibt

sich die 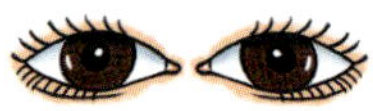. Die  von Jonas

ist auch grün gestreift – und sie

hat ein !

Lilli fragt Jonas: „Warum hast

du die 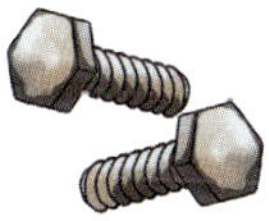 versteckt?“ Jonas

wird rot wie eine . „Äh …

Das  ist mir doch zu groß.

Ich trau mich nicht.“

Tom knufft Jonas mit dem 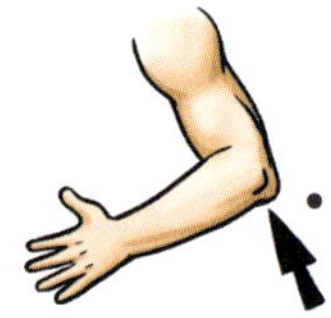.

„Deshalb brauchst du doch nicht

die 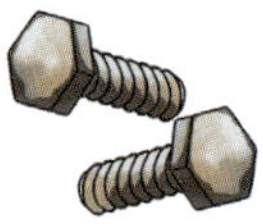 zu verstecken.“ Lilli lächelt.

„Wir helfen dir. Zusammen sind wir

drei super .“ Da fällt Jonas ein

riesiger  vom .

Unser Traumhaus

Suri und Niam haben mit ihren Eltern eingekauft und bringen alles in die . Da erzählen die Eltern, dass sie ein  bauen wollen. Für Suri, Niam, Mama und Papa, ein  an einem .

Niam macht große .

„Juhu!“, jubelt Suri und fällt Papa um den . Papa hat die  vergessen. Er sagt: „Ich fahre noch mal kurz mit dem  los. Überlegt ihr doch inzwischen, wie unser  aussehen soll.“

Suri holt sofort ihre  und

Niam bringt buntes . Mama

räumt den  frei. Gemeinsam

bauen sie ein wunderschönes .

Die 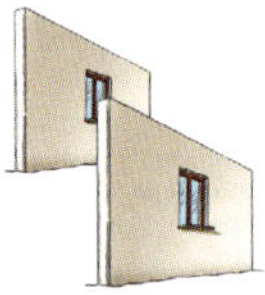 sind bunt wie ein .

Das  hat einen roten  und

ein  auf dem . Niam

baut aus gelben  eine

große .

Suri legt grünes  um das 

herum. Mama lächelt. „Die 

sieht toll aus, aber da fehlt noch

was“, überlegt Mama. „Viele

bunte !“, ruft Suri.

Niam wünscht sich einen 

und einen , mit dem er

spielen kann. Mama und Suri falten

bunte  aus . Niam zeigt

stolz seinen fertigen .

Der  ist kniffliger. Suri und Mama suchen viele winzige  heraus. Niam setzt sie  für  zusammen. Da kommt Papa mit den  in die .

Er ruft begeistert: „Ist das

ein tolles ! Ihr seid die

besten , die es gibt, und so

fleißige !“ Papa hilft Niam,

den  fertig zu bauen.

Feierlich stellt Niam den  auf die . Dann sehen sie sich ihr  an. Plötzlich kichert Suri, schnappt sich eine  und lässt sie die  hinunterrollen.

Die  kullert gegen ein 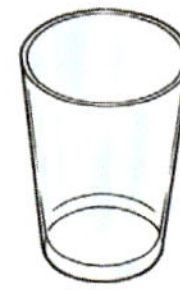,

das mit  gefüllt ist. Das 

verteilt sich über den  und

bildet einen . Alle lachen.

Mama zwinkert und sagt: „Toll!

Der  hat uns noch gefehlt!“

Die Wörter zu den Bildern:

Baustelle

Architektin

Häuser

Papier

Auto

Schal

Regenbogen

Helm

Stein

Bagger

Baugrube

Betonmischer

Bauwagen

Bauarbeiter

Dach

Kranwagen

Balken

Zimmermann

Tieflader

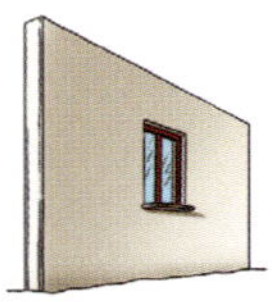
Wand

Fenster

Fertighaus

Hammer

Sonne

Wolken

Herz

Regentropfen

Himmel

Hals

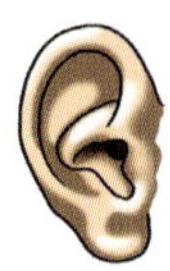
Ohr

Turmdrehkran

Kranführer

Seil

Haken

Bär

Hochhaus

Wiese

Spielplatz

Ecke

Schaukel

Rutsche

Kipper

Holzschnitzel

Harken

Pflöcke

Erde

Zaun

Stangen

Klettergerüst

Hose

Eichhörnchen

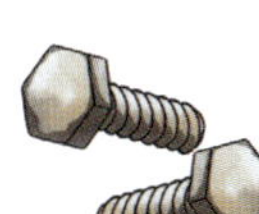
Schrauben

 Busch

 Ast

 Stofffetzen

 Augen

 Loch

 Tomate

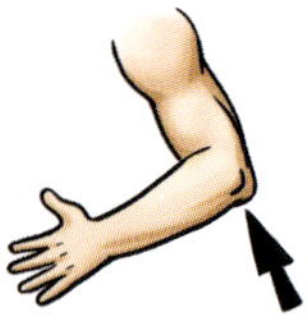 Ellbogen

 Küche

 See

 Bausteine

 Tisch

 Turm

 Schwimmbad

 Blumen

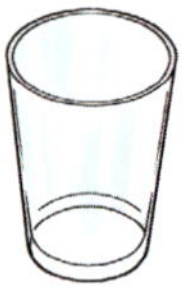 Glas

 Wasser

Henriette Wich, 1970 in Landshut geboren, hat zahlreiche Kinder- und Jugendbücher geschrieben, darunter viele Krimis der erfolgreichen Reihe „Die drei !!!“. Henriette Wich lebt mit ihrer Familie in München.

Michael Böhm, 1974 in Dortmund geboren, lebt mit seiner Frau in Hamburg. Seit er ein kleiner Junge ist, zeichnet er am liebsten alles, was Räder hat, und konnte das Hobby zum Beruf machen. In der Freizeit schraubt er auch gern an seinem alten Auto rum. Mehr über Michael Böhm erfahrt ihr unter www.digillani.de.

Bildermaus

Mit Bildern lesen lernen

ISBN 978-3-7432-1404-0

ISBN 978-3-7432-1420-0

ISBN 978-3-7432-1421-7

Loewe
Das will ich lesen!

1. Klasse

Leselöwen

Erstes Selberlesen

Die Nr. 1 für den Lesestart

ISBN 978-3-7432-1435-4

ISBN 978-3-7432-1436-1

ISBN 978-3-7432-1372-2

ISBN 978-3-7432-1412-5

Loewe

Das will ich lesen!

2. Klasse

Leselöwen

Geübte Leseanfänger

Die Nr. 1 für den Leseerfolg

ISBN 978-3-7432-1449-1

ISBN 978-3-7432-1437-8

ISBN 978-3-7432-1414-9

Loewe
Das will ich lesen!